Los deportes de verano

Maria Koran

EYEDISCOVER

Ve a **www.openlightbox.com** e ingresa el código único de este libro.

CÓDIGO DEL LIBRO

AVE59847

EYEDISCOVER te trae libros mejorados por multimedia que apoyan el aprendizaje activo.

Published by Lightbox Learning Inc.
276 5th Avenue, Suite 704 #917
New York, NY 10001
Website: www.openlightbox.com

Library of Congress Control Number: 2022952129

ISBN 978-1-7911-5422-6 (hardcover)

Printed in Guangzhou, China
1 2 3 4 5 6 7 8 9 0 27 26 25 24 23

022023
102522

English Project Coordinator: John Willis
Spanish Editor: Sara Cucini
Layout: Sushant Deshpande
English/Spanish Translator: Translation Services USA

The publisher acknowledges Getty Images and Shutterstock as the primary image suppliers for this title.

EYEDISCOVER proporciona contenido enriquecido, optimizado para el uso en tabletas, que complementa este libro. Los libros de EYEDISCOVER se esfuerzan por crear un aprendizaje inspirado e involucrar a las mentes jóvenes en una experiencia de aprendizaje total.

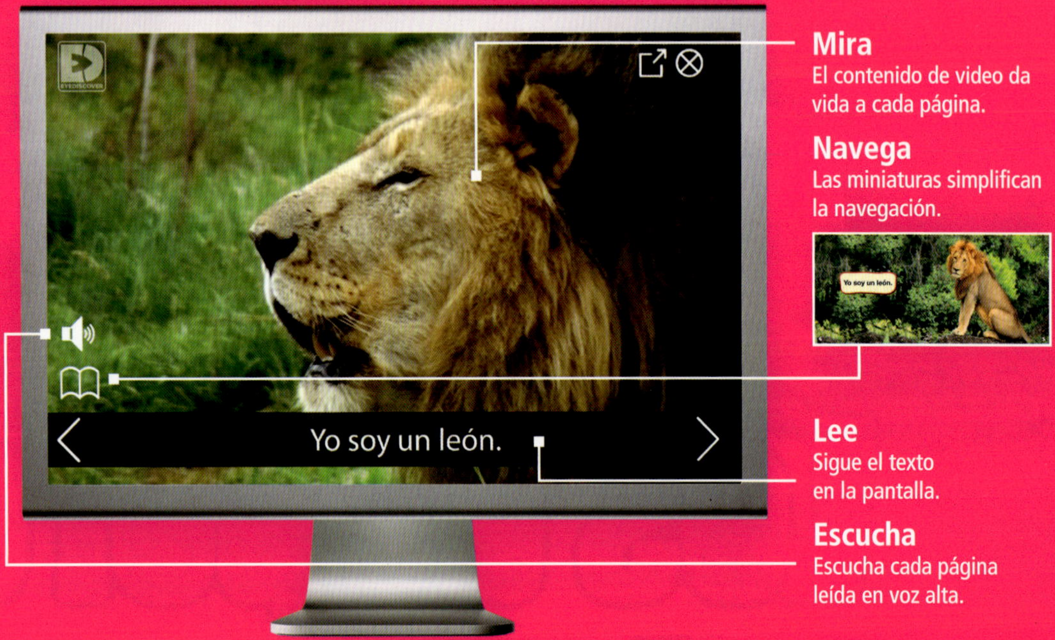

Mira
El contenido de video da vida a cada página.

Navega
Las miniaturas simplifican la navegación.

Lee
Sigue el texto en la pantalla.

Escucha
Escucha cada página leída en voz alta.

Tu EYEDISCOVER con Seguimiento de Lectura Óptico cobra vida con...

Audio
Escucha todo el libro leído en voz alta.

Video
Los videos de alta resolución convierten cada hoja en un seguimiento de lectura óptico.

OPTIMIZADO PARA
- ☑ TABLETAS
- ☑ PIZARRAS ELECTRÓNICAS
- ☑ COMPUTADORES
- ☑ ¡Y MUCHO MÁS!

Este título es parte de nuestra suscripción digital de EyeDiscover

1-año de suscripción
ISBN 978-1-4896-8346-5

Accede a todos los títulos de EyeDiscover con nuestra suscripción digital.
Regístrate para una prueba GRATUITA en www.openlightbox.com/trial

Se garantiza que los componentes digitales de este libro estarán activos por al menos cinco años desde la fecha de publicación.

Los deportes de verano

En este libro aprenderás

- cuáles son
- cómo se juegan
- qué elementos se necesitan

¡y mucho más!

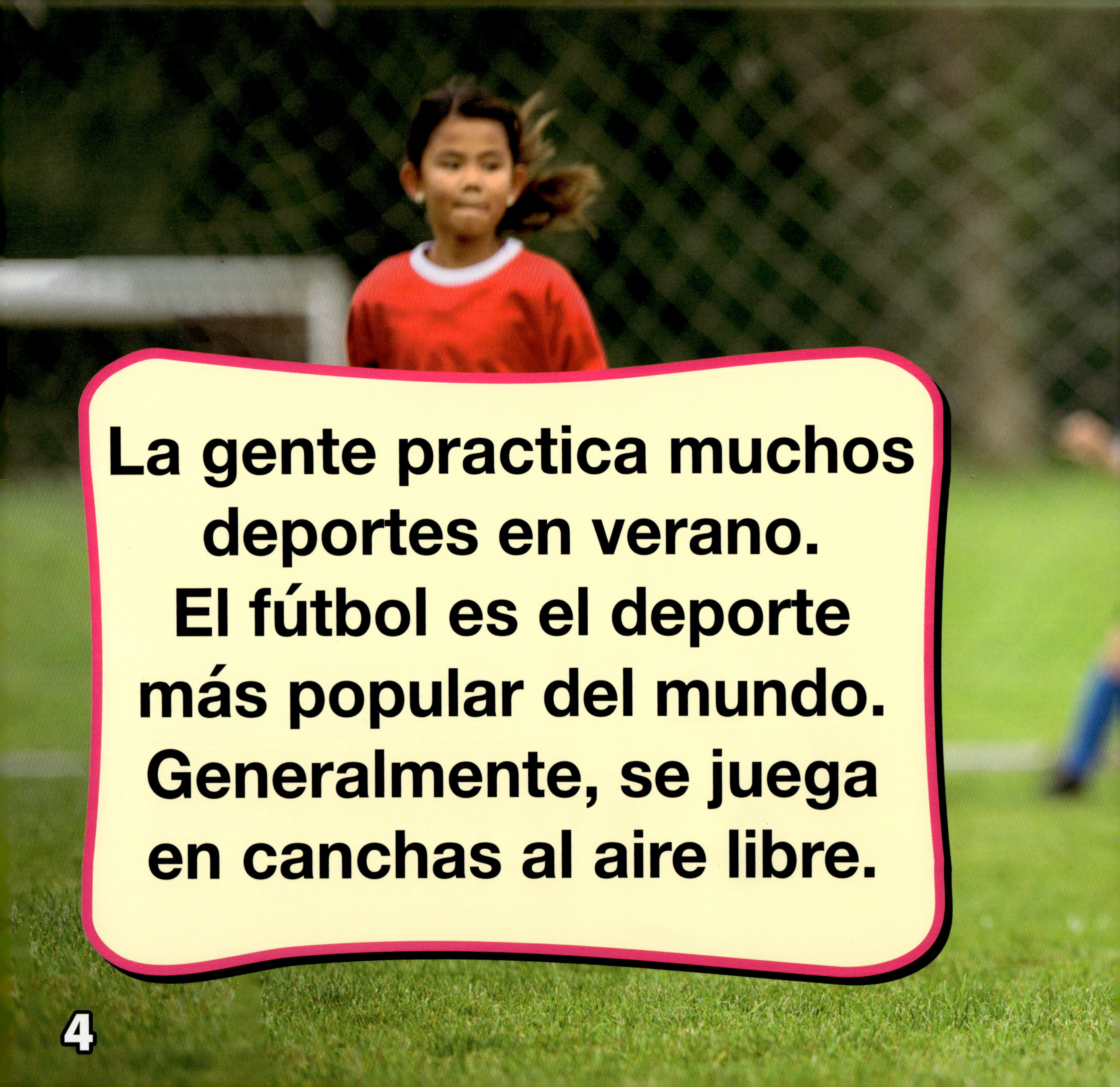

La gente practica muchos deportes en verano. El fútbol es el deporte más popular del mundo. Generalmente, se juega en canchas al aire libre.

El baloncesto es uno de los deportes más populares de los Estados Unidos. Durante muchos años, se solía jugar al aire libre con una pelota de fútbol.

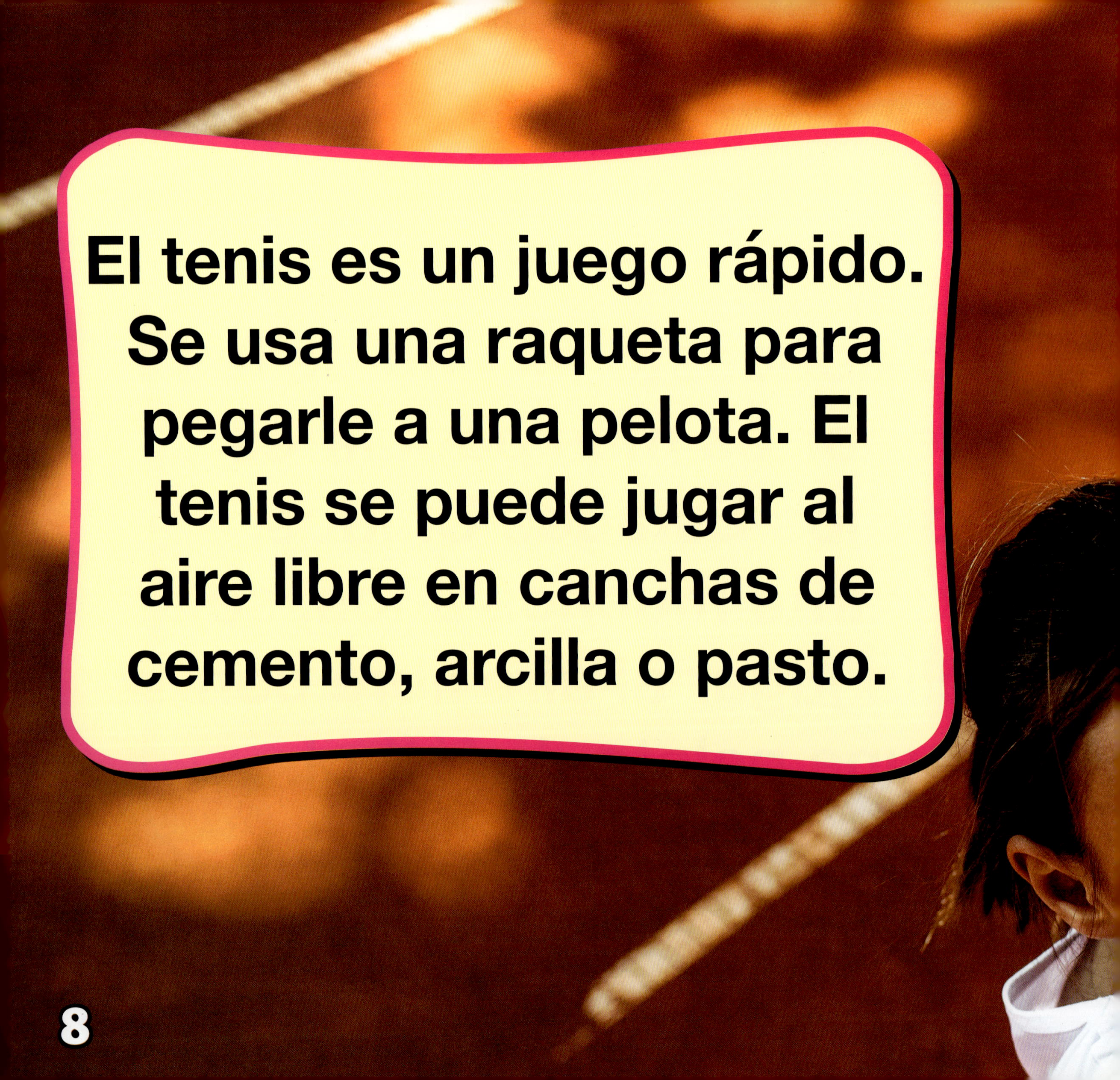

El tenis es un juego rápido. Se usa una raqueta para pegarle a una pelota. El tenis se puede jugar al aire libre en canchas de cemento, arcilla o pasto.

Los días de calor, mucha gente juega al vóleibol en la playa. El vóleibol es una mezcla de baloncesto, tenis y balonmano.

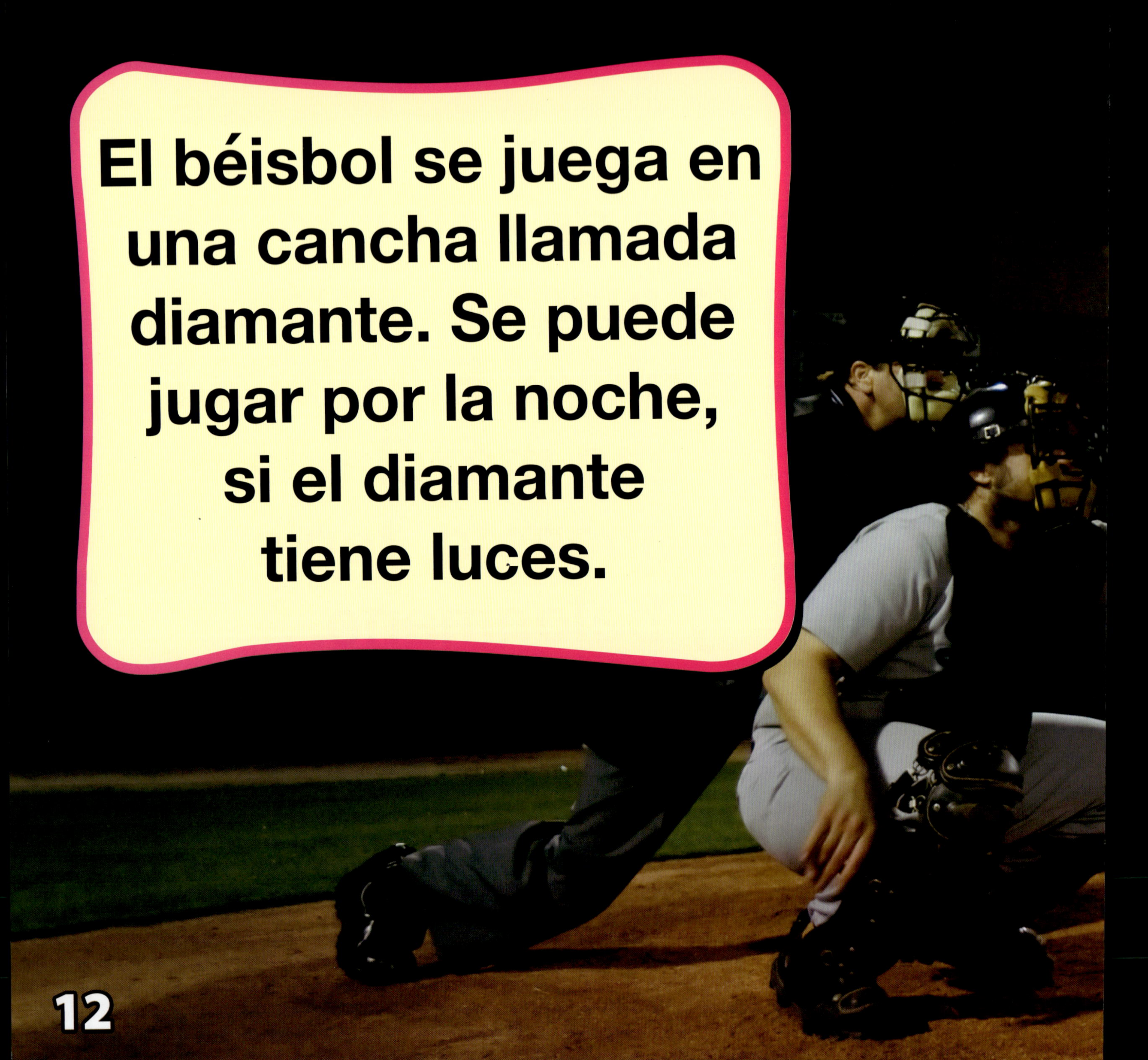

El béisbol se juega en una cancha llamada diamante. Se puede jugar por la noche, si el diamante tiene luces.

GILBERT
28

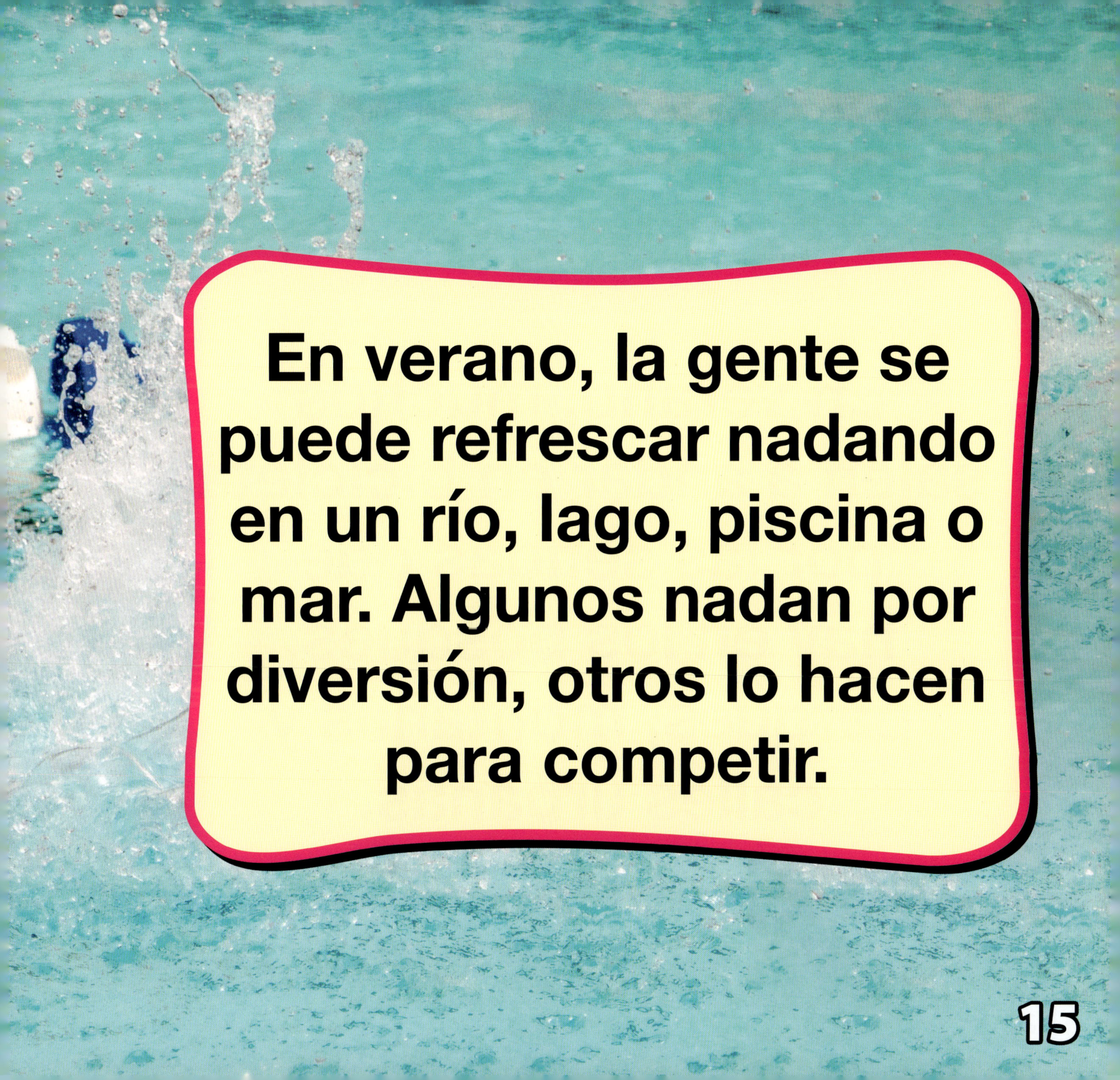

En verano, la gente se puede refrescar nadando en un río, lago, piscina o mar. Algunos nadan por diversión, otros lo hacen para competir.

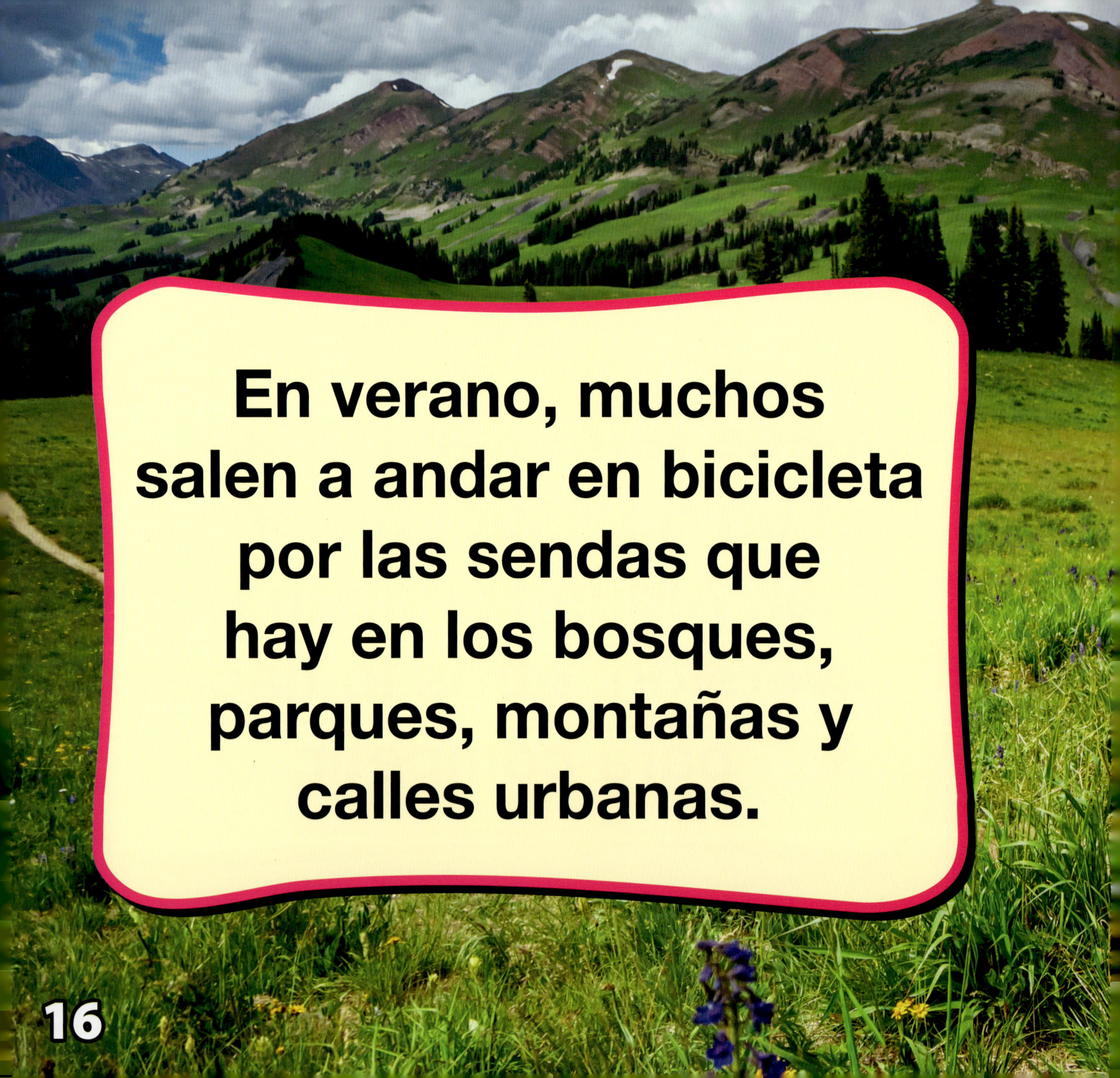

En verano, muchos salen a andar en bicicleta por las sendas que hay en los bosques, parques, montañas y calles urbanas.

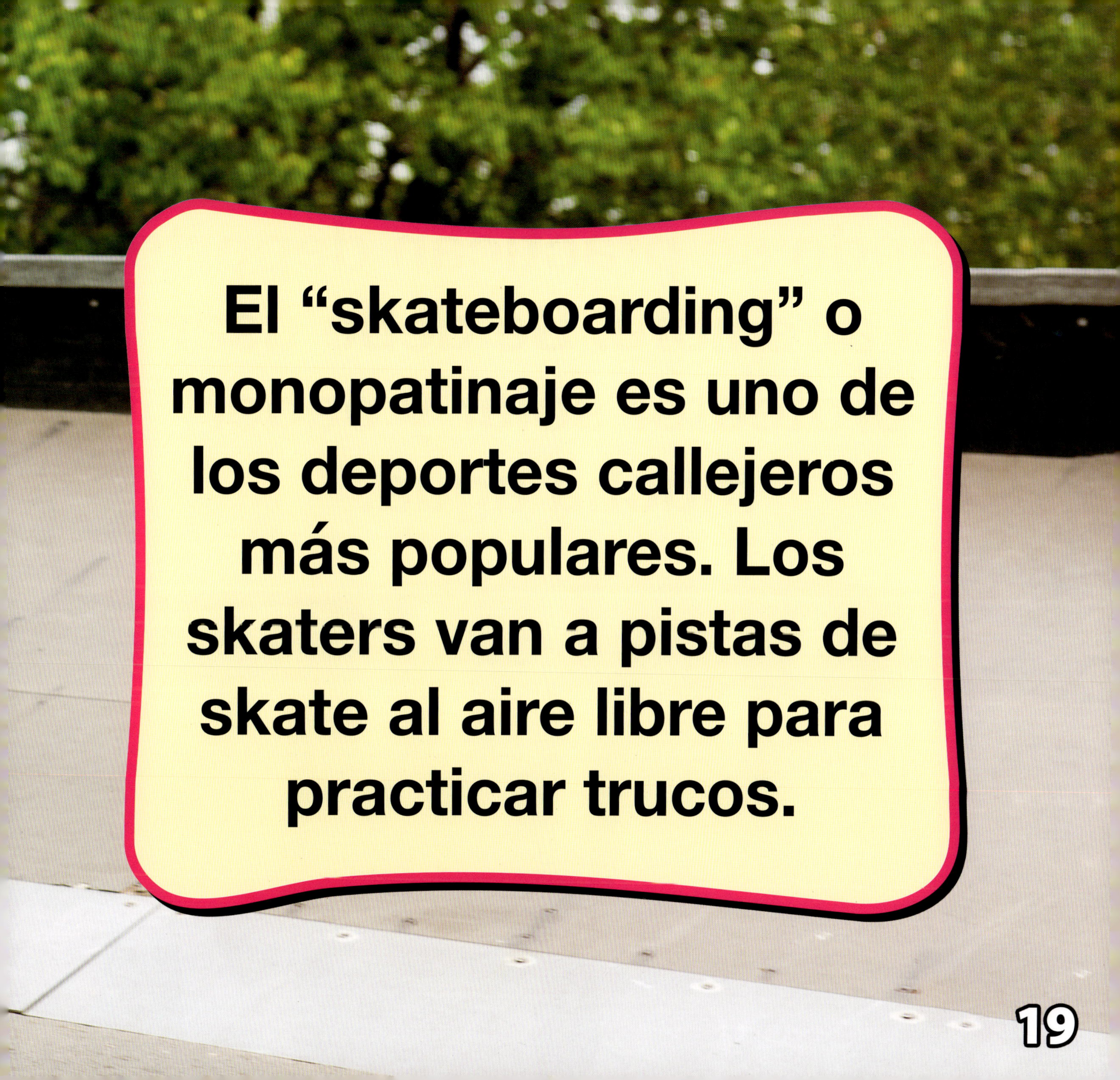

El “skateboarding” o monopatinaje es uno de los deportes callejeros más populares. Los skaters van a pistas de skate al aire libre para practicar trucos.

Es importante estar protegido cuando se practican deportes al aire libre. Se debe usar protector solar y beber mucha agua.

LOS DEPORTES DE VERANO EN NÚMEROS

El **vóleibol** se **inventó** hace más de **100 AÑOS**.

Hay más de **240 millones** de ***jugadores de fútbol*** registrados en **todo el mundo**.

La **palabra "bicicleta"** se **usó por primera vez** en **1868**.

En **2021**, se realizaron por primera vez **eventos de monopatinaje olímpico**.

Los equipos de **baloncesto** tienen **cinco jugadores** a la vez en la cancha.

Hay **30 equipos norteamericanos** en las **Grandes Ligas de Béisbol (MLB)**. **Estados Unidos** tiene **29**, mientras que **Canada** tiene **1**.

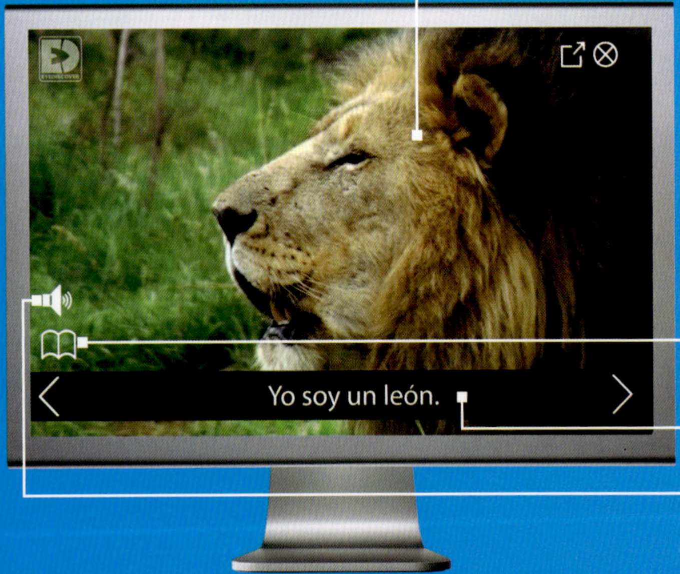

Mira
El contenido de video da vida a cada página.

Navega
Las miniaturas simplifican la navegación.

Lee
Sigue el texto en la pantalla.

Escucha
Escucha cada página leída en voz alta.

EYEDISCOVER

Ve a www.openlightbox.com e ingresa el código único de este libro.

CÓDIGO DEL LIBRO

AVE59847